Practicin

КУДА ЕДЕТ АВТОБУС?

A story for advanced readers in Russian and English with exercises

BY TATIANA MIKHAYLOVA

ARLINGTON

2015

This book is designed for students of advanced levels, who can read more complex texts in Russian, and are working on further improving their grammar. In particular, the focus of the story is on verbs of motion, which frequently present a challenge for students because of their variety, multiple prefixes that change a meaning of a verb, as well as perfective and imperfective forms of a verb.

The verbs are used in the past, present and future tenses.

Each of the twenty chapters in this story are followed by an exercise, where the readers are asked to fill in the blanks with a missing word from the story, which most of the time, will be a verb of motion. Thus, the students are able to check how well they remember and understand the meaning of each verb.

In order to make the learning process more fun and   more productive, the story has an intriguing plot of a mystery that captures the attention of the readers and keeps them wanting to continue reading, and thus, also continue studying.

ISBN: 1518632068
ISBN-13: 978-1518632068

СОДЕРЖАНИЕ

I

В субботу утром Ольга встала очень рано, по будильнику. Было ещё темно, когда она приготовила кофе, выпила его и съела бутерброд с колбасой. После этого было уже пора идти, и она вышла из дома и пошла пешком на автобусную остановку. Ждать автобус пришлось долго; было холодно. "Никогда больше не поеду туда зимой" - думала она. "Ужас! И автобус опаздывает. Где же он?" Её машина стояла в гараже. Ольга никогда не ездила зимой на машине, особенно за город. Слишком холодно и много снега на дорогах. Проще поехать на автобусе.

Ехать долго, часа три, не меньше, но ей обязательно надо приехать на встречу с Бобом, так как многое надо обсудить. Они познакомились несколько месяцев назад на конференции в Лас Вегасе, куда Ольга ездила с делегацией учёных-физиков. Теперь Боб приехал в Россию. У него были новости, о которых он не мог говорить по телефону. Он попросил Ольгу приехать в гостиницу, где он остановился.

Наконец автобус подъехал к остановке; никто из него не вышел. Ольга вошла в автобус и села на свободное место около окна. В автобусе было ещё несколько пассажиров. Ехали долго, за окном было ещё темно, поэтому смотреть в окно было неинтересно. Ольга закрыла глаза и почти заснула, когда автобус вдруг остановился. "Всё"- сказал водитель. "Мы приехали, выходите." "Как это мы приехали?" - спросили пассажиры. Они не поверили ему. "Куда мы приехали? Здесь ничего нет, только поля вокруг. Где мы?" "Автобус сломался" - сказал водитель. "Скоро приедет другой автобус, он уже в пути. Выходите и ждите". Недовольные пассажиры вышли. Они не поняли, почему они должны выйти из автобуса, почему нельзя было подождать в автобусе, пока за ними не приедут. Но спорить с водителем никто не стал. Они вышли, двери сразу закрылись и автобус быстро уехал. Когда автобус отъезжал, водитель засмеялся.

Вставьте пропущенные слова из текста:
1. Ольга _____ рано.
2. Она _____ из дома и _____ пешком на остановку автобуса.
3. "Никогда больше не _____ туда зимой," подумала она.
4. Ольга никогда не _____ зимой на машине.
5. Проще _____ на автобусе.
6. Ей обязательно надо _____ на встречу с Бобом.
7. Автобус _____ к остановке.
8. Из автобуса никто не _____.
9. Ольга _____ в автобус и села на свободное место.
10. Пассажиры не поняли, почему они должны _____ из автобуса.

Saturday morning, Olga's alarm clock got her up very early. It was still dark when she made coffee and drank it as she ate a sausage sandwich. Afterwards, it was already time to go, so she got out of the house and went to the bus stop. She had to wait a long time for the bus; It was very cold. *I will never go there again in the winter*, she thought. *It is horrible, and the bus is being late. Where is it?* Her car was parked in the garage. Olga never drove her car in winter, especially to the country side. It was too cold and there was a lot of snow on the roads. It was easier to take a bus.

It was a long ride of at least three hours, but she had to go meet Bob as there was a lot to discuss. They had gotten acquainted a few months ago at a conference in Las Vegas, where Olga had gone with a delegation of scientists-physicists. Now Bob had come to Russia. He had news, which he couldn't discuss over the phone. He had asked Olga to come to the hotel where he was staying.

At last the bus approached the bus stop; nobody exited it. Olga got into the bus and sat on a vacant seat by the window. There were a few other passengers on the bus. The ride was a long one; it was still dark outside and not interesting to look out the window. Olga closed her eyes and almost fell asleep when suddenly the bus stopped. "That's it," said the driver. "We have arrived, exit." "How could we have arrived?" asked the passengers. They didn't believe him. "Where have we arrived? There is nothing but fields all around us. Where are we?" The driver replied, "The bus has broken down. The other bus is already on the way and soon will arrive. Get out and wait." The displeased passengers got out. They did not understand why they had to get out of the bus, or why they couldn't wait inside until somebody came to pick them up. But nobody argued with the driver. They got out and the door shut at once as the bus quickly drove away. When the bus was pulling away, the driver laughed.

II

Почему водитель смеялся? Может быть, это глупая шутка? Сейчас автобус остановится, двери откроются, все войдут, сядут на свои места и поедут дальше? Но нет, не похоже. Автобус отъезжал дальше и дальше от людей, которые стояли на дороге.

Удивлённые пассажиры молча смотрели, как автобус уезжает. Он ехал очень быстро, и скоро люди уже не могли его видеть. Никто не понял, что случилось и почему им вдруг пришлось выйти на улицу, а автобус поехал дальше без них. Точнее, улицы там не было. Была только дорога, которая шла через поле, но, похоже, по этой дороге уже давно никто не ездил. Никаких домов не было видно и никто не знал, что делать и куда идти. Люди надеялись, что за ними приедут, как обещал водитель, но прошло много времени, а никто не приезжал. Было очень холодно. Чтобы согреться, люди играли, бегали друг за другом. У кого-то нашлась бутылка водки, кто-то вёз с собой еду, кто-то ещё - термос с горячим кофе. Прямо-таки пикник на снегу получился, им даже было весело! Наконец они поняли, что ждут уже очень долго, много времени прошло и, похоже, никто не собирается за ними приезжать. Тогда люди достали свои мобильные телефоны, но связи не было. Они отъехали слишком далеко от города. Кругом ничего нет! Что же делать? Куда идти? Пока они ждали, мимо не проехала ни одна машина. Только по небу летали самолёты. Пошёл снег, и скоро под снегом не будет видно дорогу, по которой они приехали. Снега уже так много, что трудно идти. Женщины начали плакать. Иногда это помогает женщинам найти выход из трудной ситуации...

Вставьте пропущенные слова из текста:

1. Люди думали, что они сядут в автобус и _____ дальше.
2. Пассажиры молча смотрели, как автобус _____ .
3. Автобус _____ очень быстро.
4. Никто не понял, что случилось и почему автобус _____ без них.
5. Они стояли на дороге, которая _____ через поле.
6. Было похоже, что по этой дороге давно никто не _____ .
7. _____ много времени, но за ними никто не _____ .
8. Они _____ слишком далеко от города.
9. Под снегом не будет видно дорогу, по которой они _____ .
10. Снега так много, что трудно _____ .

Why had the driver laughed? Maybe it was all a stupid joke? Now the bus will stop, the doors will open, everybody will get in, sit down in their seats and continue the trip? But no, it didn't look that way. The bus was driving farther and farther away from the people, who were standing on the road.

The surprised passengers silently watched the bus driving away. It drove very fast, and soon the people could no longer see it. Nobody understood what had happened or why they suddenly had to get out into the street while the bus went ahead without them. Actually, there was no street there. There was only a road that went across the field, but it looked like nobody had driven on it in quite awhile. No houses could be seen and nobody knew what to do and where to go. The people were hoping that someone would come to get them, as the driver had promised, but a lot of time had passed and nobody had come. It was very cold. To warm up, people were playing tag and running after each other. Somebody happened to have a bottle of vodka, someone else had brought food, and another had a thermos with hot coffee. They sort of had a picnic on the snow and even had fun! Finally they realized that they had been waiting for a long time and it looked as though nobody was going to come and get them. Then people began to take out their mobile phones, but there was no connection. They had driven too far away from the city. There was nothing around them! What to do? Where to go? While they were waiting, not a single car had driven by. There were only the planes flying in the sky. It started snowing, and soon the road that they had taken to get there would not be visible under the snow. There was so much snow already that it was hard to walk. Women began to cry. Sometimes this helps women to find a way out of a difficult situation...

III

"Перестаньте плакать!" - в конце концов сказал кто-то из мужчин. "Надо что-то решать. Либо оставаться на месте, либо идти. Если остаться на месте, есть шанс, что за нами приедут или что мимо проедет какая-нибудь машина." В это уже почти никто не верил. "А если мы уйдём отсюда, может быть мы придём куда-то, где живут люди и где нам помогут."

Их было человек двадцать. Почти единогласно все решили, что оставаться на одном месте бессмысленно и надо идти. Но в какую сторону? После того, как они выехали из города, они несколько часов ехали по полю и не проезжали мимо городов или деревень. Значит, назад идти не надо, слишком далеко до города. До вечера они не смогут дойти туда пешком, а ночевать в поле зимой невозможно. Утром можно не проснуться.

У кого-то был бинокль. Посмотрели налево, направо, вперёд, назад. Впереди был лес, не очень близко, но до него можно было дойти пешком. Решили пойти туда. В лесу можно будет зажечь огонь и согреться. Рано или поздно их начнут искать. Их ведь где-то ждут! Когда они не приедут, их семьи, друзья начнут волноваться.

Ольга подумала о том, что её ждёт Боб. Эта встреча так много значила для них! Им нужно многое обсудить. Разговор очень важный, а Боб приехал всего на несколько дней. Скоро он уедет обратно в Америку. Времени у них мало. Смогут ли они встретиться? Будет ли у них время поговорить? Интересно, что он сейчас делает? Что он думает? Что она передумала и решила не приезжать? Ольга очень надеялась, что он так не думает. Но даже если он поймёт, что с ней что-то случилось, он ничем не сможет ей помочь. Он не сможет узнать, где она находится, не сможет сам приехать за ней. Боб неплохо говорил по-русски, но по акценту было сразу понятно, что он иностранец. Она не знала, есть ли у него друзья в этой стране. Но даже если есть, он не сможет попросить их о помощи. Их встреча должна быть секретом от всех. Никто, кроме неё, не должен знать, что находится в портфеле у этого человека. Он привёз документы, которые могла видеть только она одна. Ну почему им так не повезло! Случайность ли это?

Вставьте пропущенные слова из текста:

1. Надо либо оставаться на месте, либо _____ .
2. Если остаться на месте, есть шанс, что за нами _____ .
3. Может быть, мимо _____ какая-нибудь машина.
4. Если мы _____ отсюда, может быть, мы _____ куда-то, где живут люди.
5. После того, как они _____ из города, они несколько часов _____ по полю.
6. Они не _____ мимо городов и деревень.
7. Назад _____ не надо, слишком далеко до города.
8. До леса можно _____ пешком.

9. Боб _____ в Россию на несколько дней.
10. Скоро он _____ обратно в Америку.

One of the men finally said, "Stop crying. We should make a decision. Either we stay here or we go. If we stay here there is a chance that someone will come to get us or that some vehicle will drive by." Almost nobody believed that, though. "And if we go away from here, we might get someplace where people live and where we will get help."

There were about twenty of them. Almost unanimously everybody decided that staying at the same place made no sense and that they should go. But which way? After they had left the city, for several hours they rode through a field and didn't pass by any towns or villages. It meant that they should not go back because they were too far from the city. They wouldn't get there before nightfall and it was impossible to spend a night in a field in winter. They might never wake up in the morning.

Someone had binoculars. They looked to the left, to the right, ahead and back. Ahead was a forest, not very close, but it was possible to reach it on foot. They decided to go there. They would be able to make fire in the forest in order to get warm. Sooner or later someone would begin looking for them. Somewhere there were people waiting for them! When they didn't arrive, their families and friends would begin to worry.

Olga thought about Bob waiting for her. This meeting meant so much to them! They had a lot to discuss. This conversation was very important, and Bob had come only for a few days. Soon he would go back to America. They had very little time. Would they still be able to meet? Would they have time to talk? She wondered, what was he doing now? What was he thinking? That she had changed her mind and decided not to come? Olga truly hoped that he didn't think that. But even if he understood that something had happened to her, he would have no way to help her. He wouldn't be able to find out where she was located and wouldn't be able to come and get her. Bob spoke Russian fairly well, but it was clear from his accent that he was a foreigner. She didn't know whether he had any friends in this country, but even if he had, he wouldn't be able to ask them for help. Their meeting had to be a secret to all. Nobody but her could know what was in this man's briefcase. He had brought documents that only she could see. Why were they so unlucky! Was this an accident?

IV

Люди   медленно шли по снегу в сторону леса. Чтобы поднять настроение, запели песню. "Может быть, если мы будем петь очень громко, нас услышит лётчик в самолёте?" - спросил чей-то ребёнок. Никто даже не засмеялся. "Волки нас услышат"- сказала какая-то женщина. "Мы отдадим тебя волкам первую"- рассердилась на неё мать ребёнка - "Смотрите, какая она толстая!" "Сейчас же прекратить ругань!" - сказал мужчина, который был, по мнению Ольги, самым разумным в этой группе случайных людей.

Когда люди услышали про волков, они стали идти быстрее. Каждому хотелось скорее дойти до леса и зажечь огонь. Они шли долго. Ольга не смотрела на часы. Она вспоминала всё, что произошло в её жизни за последние несколько месяцев: работу над проектом, поездку на конференцию, знакомство с Бобом. Да, ей есть над чем подумать. Она рискует многим. Её карьера, репутация, спокойная жизнь - стоит ли рисковать этим? Что она знает о Бобе? Не так много... Может ли она полностью доверять ему? Может быть, это странное происшествие с автобусом - её последняя возможность повернуть назад? Не ехать в эту гостиницу, вернуться домой? Если, конечно, она сможет выбраться из этой глуши, куда попала по какой-то странной случайности.

Наконец усталые люди дошли до леса. У кого-то из мужчин был с собой топор, спички. Зажгли огонь, стало теплее, поднялось настроение. "Какая еда у нас есть?"- спросил тот же мужчина,   который недавно остановил ссору двух женщин. Он практически стал лидером группы. "Еду мы будем делить на всех"- сказал он. Еды было не так много. У Ольги вообще ничего с собой не было. Когда она собиралась в поездку, не думала, что придётся где-то останавливаться, чтобы поесть. Думала, что будет обедать в гостинице, с Бобом. "Спасибо, я не хочу есть"- сказала она, когда ей предложили бутерброд, но это была неправда. Прошло уже много времени после того, как она позавтракала дома.

Вставьте пропущенные слова из текста:

1. Люди медленно _____ по снегу в сторону леса.
2. Когда люди услышали про волков, они стали _____ быстрее.
3. Каждому хотелось скорее _____ до леса.
4. Люди _____ долго.
5. Может быть, Ольге лучше не _____ в эту гостиницу?
6. Наконец усталые люди _____ до леса.
7. Ольга вспоминала всё, что _____ в её жизни.
8. У Ольги была возможность _____ назад.
9. Когда Ольга собиралась в поездку, она не думала, что придётся _____, чтобы поесть.

10. 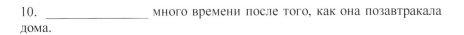 много времени после того, как она позавтракала дома.

The people slowly walked on the snow towards the forest. To cheer themselves up, they sang a song. "Maybe if we sing very loudly, a pilot in a plane will hear us," asked someone's kid. Nobody even laughed. "Wolves will hear us," said some woman. "We will give you to the wolves first," said the boy's mother as she got angry with her, "Look how fat she is!" "Immediately stop this quarrel," said a man, who in Olga's opinion, was the most reasonable among this group of strangers.

When the people heard about wolves, they started walking faster. Everyone wanted to get to the forest as soon as possible to light a fire. They walked for a long time. Olga did not look at her watch. She was remembering everything that had happened in her life during the past few months: working on the project, going to the conference, and meeting Bob. Yes, she had a lot to think about. She was risking a lot: her career, reputation and quiet life... Was it worth risking it all? What did she know about Bob? Not that much actually. Could she entirely trust him? Was this weird incident with the bus her last opportunity to turn back? Not to go to this hotel and return home? Hopefully, she would be able to get out of this wilderness, where she now was stranded due to some strange accident.

At last the tired group of people reached the forest. Some men had an ax and matches with them. They built a fire and it quickly became warmer, which cheered them all up. "What food do we have," asked the same man who had recently stopped the quarrel between the two women. He had practically become the leader of the group. "We will divide the food among everybody," he said.

There wasn't that much food. Olga didn't have anything at all with her. When she had been getting ready for this trip, she hadn't thought that she would have to stop somewhere to eat. She had thought that she would have lunch with Bob at the hotel.

"Thank you, I am not hungry," she said when someone offered her a sandwich. But it wasn't true at all. A lot of time had passed since she had breakfast at home.

V

"Давайте знакомиться"- сказал мужчина. "Меня зовут Сергей. Я еду на свадьбу к своему брату. Надеюсь, что мои родные заметят, что я не приехал." Все люди по очереди называли себя и рассказывали, куда и зачем они едут. Кто-то возвращался к себе домой, кто-то, наоборот, ехал за город покататься на лыжах. Многих где-то встречали и ждали родные и близкие. Наверное, они уже начали волноваться. Их обязательно будут искать! Помощь обязательно придёт!

Когда очередь дошла до Ольги, она назвала себя Анной и сказала, что едет в Горюхино. Анной звали сестру Ольги, а Горюхино было известным лыжным курортом. Это популярное место среди любителей зимнего отдыха. Она и правда ехала туда. Там она должна была встретиться с Бобом. Они выбрали это место, потому что там всегда зимой было очень много людей, которые приезжали отдыхать, весь день были заняты своими делами, бегали на лыжах, выпивали в барах и не обращали внимания на других.

Ольга уже бывала там раньше. Она любила бегать на лыжах, хотя никогда не была спортсменкой. А вот любит ли лыжи Боб, она не знала. Он из Техаса, там не бывает снежных зим.

Сначала Горюхино казалось идеальным местом для секретной встречи, но сейчас Ольга уже так не думала. Она не знала, что добраться туда будет так трудно. Хотя какое место они могли выбрать вместо этого? Не могла же она пригласить его к себе домой.

Сергей дал ей термос с горячим чаем. "Пейте, пейте"- сказал он. "Вам надо согреться. Неизвестно, сколько времени мы здесь проведём. Вас, наверное, ждут в Горюхино?" Ольга не знала, что на это ответить. Она была не готова к таким вопросам. "Не знаю" - сказала она. - "Может быть, уже не ждут. Я должна была быть там несколько часов назад. Извините, я очень устала." Она села под деревом и закрыла глаза, чтобы закончить этот разговор. Не хотелось отвечать на вопросы. Никому не надо знать правду о том, куда и зачем она едет и кто её там ждёт. Ольга действительно очень устала. Сон пришёл моментально.

Когда она открыла глаза, она не сразу вспомнила, где она находится и что происходит. Люди бегали вокруг, кричали, махали руками. Над ними летал вертолёт. Медленно, невысоко. Пилот не мог не увидеть их! Вскоре вертолёт улетел. Люди стали надеяться, что помощь скоро придёт к ним. Кто-то обязательно должен будет приехать за ними и отвезти в город.

Вставьте пропущенные слова из текста:

1. Сергей сказал: "Я _____ на свадьбу к своему брату".
2. Сергей надеялся, что его родные заметят, что он не _____.
3. Люди рассказывали, куда и зачем они _____.
4. Многие _____ за город кататься на лыжах.

5. Помощь обязательно _____!
6. Когда очередь _____ до Ольги, она сказала, что _____ в Горюхино.
7. Много людей зимой _____ отдыхать в Горюхино.
8. Ольга любила _____ на лыжах.
9. Ольга не знала, что _____ до Горюхино будет так трудно.
10. Люди стали надеяться, что помощь скоро _____ к ним.

"Let's get acquainted," said the man. "My name is Sergey. I am on my way to my brother's wedding. I hope that my family will notice when I don't arrive!" Everyone, in turn, introduced themselves and told where they were going and why. Some were returning to their homes, while several others were going to the countryside to ski. Relatives and close friends were waiting and meeting many of them somewhere. Probably they had already begun to worry. Someone would definitely start looking for them! Help would most definitely come!

When it was Olga's turn, she said that her name was Anna and that she was going to Gorukhino. Anna was the name of Olga's sister, and Gorukhino was a famous ski resort. It was a popular place among the fans of winter vacations. And indeed, she was going there. It was there that she was supposed to meet Bob. They had chosen this place because very many people always were there in winter who were busy doing their own things all day long. Many came to relax, were skiing and drinking in the bars, and did not pay any attention to others around them.

Olga had already been there before. She loved skiing, though she had never really been a sportswoman. She didn't know whether Bob liked skiing or not. He was from Texas where they didn't have much snow in the winter.

At first, Gorukhino seemed an ideal place for a secret meeting. Olga didn't feel that way anymore. She hadn't known that it would be so hard to get there. Though what location could they have had chosen instead? She couldn't possibly invite him to her home.

Sergey gave her a thermos with the hot tea. "Drink, drink," said he. "You need to warm up and It's not clear how much time we will have to spend here. Someone probably is waiting for you in Gorukhino?" Olga didn't know how to answer this. She was not prepared for such questions. "I don't know," said she. "It's possible they aren't waiting for me any longer. I was supposed to be there several hours ago. I apologize, but I am very tired." She sat down under a tree and closed her eyes to end this conversation. She didn't feel like answering any questions. Nobody needed to know the truth about where she was going and who was waiting for her there. Olga, indeed, was very tired. She fell asleep.

When she opened her eyes, she didn't recall immediately where she was or what was happening. People were running around, shouting and waving their arms. A helicopter was flying above them. It was flying slowly and not very high. The pilot couldn't but see them. Soon, the helicopter flew away. The people began to hope that help would come soon. Surely somebody would come to get them and take them to the city.

VI

Помощь пришла в виде пожарной машины. Люди услышали шум мотора издалека и радостно побежали ей навстречу. Машина подъехала ближе и остановилась. Из неё вышли несколько недовольных пожарников. Начальник подошёл к нашей группе и сердито спросил: "Что вы тут делаете? Здесь нельзя разжигать огонь. Нам не нужен лесной пожар! Каждый год из-за таких туристов и любителей пикников на снегу, как вы, сгорает много деревьев. Приходится всё время проверять территорию с вертолёта! Вам придётся заплатить штраф. Давайте ваши документы." Пожарники, не теряя времени, стали гасить огонь.

Сергей подошёл к начальнику пожарной группы и показал ему какой-то документ. "Большое спасибо" - сказал он -"что вы приехали так быстро. Мы не собирались приезжать сюда на пикник. Мы здесь случайно. Нас привёз какой-то ненормальный водитель автобуса и бросил нас здесь, а сам уехал. Сказал, что автобус сломался и что скоро приедет другой. Мы не знаем, что случилось! Ни один мобильный телефон не работает! Нам пришлось зажечь огонь. Мы так рады, что вы увидели наш костёр и приехали!"

Начальник пожарной группы слушал Сергея недоверчиво, эта история казалась ему очень странной, но остальные пассажиры злосчастного автобуса в один голос стали кричать, что это правда. Дети начали плакать. Маленький мальчик спросил: "Это и есть те злые волки, о которых говорила тётя? А почему они похожи на людей? Теперь мы останемся в лесу навсегда и нас съедят?" "Похоже на то" - сказала та же тётя, и мать мальчика опять начала кричать, теперь и на женщину, и на пожарника.

Пассажиры подошли совсем близко к пожарной машине и окружили её, чтобы не дать пожарникам уехать одним и бросить их в лесу. Атмосфера не была дружеской! Пожарник по радио стал звонить в полицию. "У меня здесь группа поджигателей" - сказал он. "Мы увидели их с вертолёта. Говорят, что их привезли сюда на автобусе и бросили и никто за ними не собирается приезжать. Им не на чем уехать отсюда и они не хотят платить штраф. Странная история. Никогда раньше такого не слышал. Работает же фантазия у поджигателей! Не знаю, что с ними делать. Их человек двадцать, они злые. Я не смогу вывезти их всех отсюда. Пожалуйста, приезжайте и увезите их, пока они пожарную машину не сломали."

Вставьте пропущенные слова из текста:

1. Помощь _____ в виде пожарной машины.
2. Люди радостно _____ навстречу пожарной машине.
3. Машина _____ ближе и остановилась.
4. Из машины _____ недовольные пожарники.
5. Начальник _____ к нашей группе и спросил, что они делали.
6. Сергей сказал: "Большое спасибо, что вы _____ так быстро".
7. Люди не собирались _____ в лес на пикник.

8. Люди окружили машину, чтобы не дать пожарникам _____ без них.

9. Люди сказали, что за ними никто не собирается _____ .

10. Пожарник позвонил в полицию и попросил их _____ .

Help finally came in the form of a fire truck. The people heard the sound of an engine in the distance and happily ran toward it. The truck pulled closer and came to a stop. Several displeased firefighters got out of the truck. The chief approached our group and angrily asked, "What are you doing here? It is not allowed to have a fire here. We do not need a forest wildfire! Every year, because of such tourists and fans of the picnics on the snow like you, many trees burn down. We have to check the territory from the helicopter all the time! You will have to pay a fine. Give me your documents." The firefighters, not wasting any time, started extinguishing the fire. Sergey came up to the chief and showed him some documents. "Thank you very much," he said, "for getting here so fast. We had no intention of coming here for a picnic. We are here by accident. Some crazy bus driver brought us here and left us, while he just drove away. He said that the bus was broken down and another one would be coming shortly. We do not know what has happened! Not a single mobile phone is working! We had to light a fire to stay warm. We are so glad that you noticed our fire and came!"

The fire chief listened to Sergey with disbelief. This story seemed very strange to him, but the rest of the passengers of the ill-fated bus in unison began yelling that it was the truth. The children began to cry. One little boy asked, "Are these the mean wolves that the auntie talked about? Now we will stay in the forest forever and will be eaten up?" "It looks that way," said the same auntie. The boy's mother started to yell again, this time at the woman and at the firefighter.

The passengers came very close to the fire truck and surrounded it in so the firefighters could not drive away and leave them alone in the forest. The atmosphere was not very friendly! The firefighter operating the radio started calling the police. "I have a group of arsonists here," he said. "We spotted them from a helicopter. They say that they were brought here by bus. They say they were left here and nobody is going to come and pick them up. They have no form of transportation to leave and they don't want to pay the fine. It's a very strange story. I have never heard anything like this before. The arsonists' imagination is running wild! I don't know what to do with them. There are about twenty of them, and they are mean. I won't be able to take all of them out of here. Please come and take them away before they begin tearing up the fire truck".

VII

Люди не давали пожарникам уехать, пока не приедет полиция. Они уже не верили никому на слово! Один раз сегодня они уже слышали обещание, что за ними приедут. Все знают, как это кончилось, и больше им не нужны такие проблемы. Пожарники остаются заложниками до приезда полиции! Ждать было холодно, потому что костёр не горел, пожарники погасили его. Все очень хотели есть. Пожарники тоже были недовольны, они хотели домой, их рабочий день уже кончился. "Ничего, ничего"- злорадно говорили им люди -"Побудьте немного на нашем месте. Вы здесь живёте, а мы даже не знаем, когда домой попадём. Мы даже не знаем, где мы сейчас находимся. Мы весь день ничего не ели! А если полиция не приедет, мы на вашей пожарной машине уедем, а вы здесь останетесь ночевать". Пожарники предпочитали молчать.

Полицейский автобус приехал через полчаса. Усталые, голодные и поэтому злые люди побежали ему навстречу. "Никогда не думал, что буду так радоваться, когда за мной приедет полиция"- сказал какой-то мужчина. "Да, как-то странно бежать к ним, а не от них"- ответил другой. "Подождите радоваться, вот увидите, они скажут, что это мы сами угнали тот проклятый автобус, чтобы приехать сюда и поджечь этот проклятый лес. Они нас арестуют и в тюрьму посадят, я уверена"- сказала уже знакомая нам женщина. "Давайте оставим эту тётку здесь, в лесу. А то она сама всегда недовольна и нам портит настроение!" - предложил кто-то. "Давайте, давайте, хорошая идея!"- сказала мать мальчика. "Правду сказал пожарник, они злые"- подумал полицейский. "Помолчите, граждане. Кто откроет рот - будет платить штраф! Скоро мы приедем в полицию, там будете разговаривать." Спорить с полицейским никто не захотел, и дальше все ехали молча. Скоро доехали до здания полиции.

"Выходите. Мы приехали"- сказал полицейский и открыл дверь автобуса. Эти слова люди слышали уже второй раз за сегодняшний день. Настроение у всех было не очень хорошее. "Когда же кончится это путешествие?"- подумала Ольга, когда она выходила из автобуса и входила в дверь здания полиции.

Вставьте пропущенные слова из текста:

1. Люди не давали пожарникам _____, пока не _____ полиция.
2. Один раз им уже обещали, что за ними _____.
3. Люди сказали, что если полиция не _____, они _____ на пожарной машине.
4. Полицейский автобус _____ через полчаса.
5. Люди _____ навстречу автобусу.

6. Человек сказал, что ему странно _____ к полицейским, а не от них.
7. Люди не угнали автобус, чтобы _____ в лес и поджечь его.
8. Полицейский сказал, что скоро они _____ в полицию.
9. Люди не хотели спорить и _____ молча.
10. О чём Ольга думала, когда она _____ из автобуса и _____ в дверь здания полиции?

The people didn't let the firefighters leave until the police had arrived. They didn't believe anybody's word anymore! Already once today they had heard a promise that someone would come to pick them up. Everybody knew how that ended up and they no longer needed that kind of problem. The firefighters would remain hostages until the police arrived! It was cold waiting for the police because the fire was no longer burning since the firefighters had put it out. In addition, everyone was very hungry. The firefighters were also very displeased and they were eager to get home since their shift was already over. "It's ok, it's ok," several passengers gloatingly kept saying to the firemen around them. "Try being in our shoes for a while. You live here, and we don't even know when we will get back home. We don't even know where we are located now. We haven't eaten anything all day, and if the police don't come, we will leave in your fire truck and you will stay here for the night." The firefighters preferred to remain silent.

A police bus came in half an hour. Tired, hungry and angry, the people ran towards it as it arrived. "I never thought that I would be so happy when the police came to get me," said some man. "Yes, it is kinda strange to be running to them and not from them," answered another one. "Wait before you celebrate, you'll see they will say that we ourselves hijacked that damn bus to come here and set their damn forest on fire. They will arrest us and put us in jail, you'll see," said the woman already familiar to everyone.

"Let's leave this auntie here in the forest! She is always displeased with everything and ruins our mood, too," suggested someone. "Let's do it, let's do it, that's a good idea," said the boy's mother. The firefighter was telling the truth, they are mean, thought the policeman. "Silence, folks. Anyone who opens their mouth will pay a fine! Soon we will get to the police station and there you will talk." Nobody wanted to argue with the policeman, so they rode in silence the rest of the way. Soon they reached the police station.

"Exit. We have arrived," said the policeman as he opened the bus door. These words the passengers were hearing for the second time today. Nobody was in a very good mood. *When will this trip end*, Olga thought as she was exiting the bus and entering the door of the police station.

VIII

Там их уже ждали. Начальник отделения полиции сидел за своим столом и что-то писал. Перед ним на столе стояла чашка с чаем. Над головой на стене висели чёрно-белые фотографии опасных преступников, которых ищет полиция. Он внимательно посмотрел на группу людей, которые вошли в помещение, как будто думал, что может увидеть среди них знакомые лица. "Ну, рассказывайте, что вы делали в лесу, поджигатели"- сказал он. Он сразу пожалел, что сказал это, но, как говорится, слово - не воробей, вылетит - не поймаешь... Людям не понравилось, что он назвал их поджигателями! В ответ они сказали ему всё, что думали о пожарниках, полиции, а также правительстве и президенте страны, где нет никакого порядка. Даже автобусы ездят когда и куда хотят и выбрасывают пассажиров, как мусор, неизвестно где и непонятно, почему! Громче всех кричала толстая тётка, которую на этот раз никто не стал останавливать. "Мы не поджигатели! Вы преступников должны ловить, а вы не можете, вот и бросаетесь на нормальных людей! Мы не виноваты! Нас какой-то псих на автобусе увёз в эту проклятую глушь и оставил там. Он смеялся над нами, когда уезжал. Что же мы могли сделать ещё? Мы ждали, ждали, когда за нами приедет кто-нибудь и нам холодно стало! Вы знаете, какая сейчас температура на улице? Мы костёр зажгли, чтобы остаться живыми! Вам, наверное, всё равно, зима сейчас или лето! Вы здесь сидите, в тёплой комнате, чай горячий пьёте, вместо того, чтобы преступников ловить! С нами дети маленькие, они замёрзли совсем! Потом эти пожарники приехали, мы им обрадовались, как родным, а они на нас накричали и штраф хотели взять! А теперь вы на нас смотрите, как на преступников! Может, арестовать нас хотите? Может, вам медаль дадут, если вы арестуете сразу двадцать человек только за то, что мы в этот проклятый автобус сели? Вы, наверное, на мерседесе ездите, а не на автобусе? Больше я никогда в жизни на автобусе не поеду! На такси буду ездить! Или просто дома сидеть!" Люди кричали так громко и с таким энтузиазмом, что остановить их было невозможно.

Вставьте пропущенные слова из текста:

1. В полиции людей уже _____.
2. Начальник _____ за столом и писал.
3. На стене _____ фотографии опасных преступников.
4. Людям не _____, что он назвал их поджигателями.
5. Люди сказали, что автобусы _____ куда и когда хотят.
6. Люди кричали, что полицейские должны _____ преступников.
7. Водитель автобуса смеялся, когда _____.

8. Люди ждали, когда за ними кто-нибудь _____, и им стало холодно.

9. Когда пожарники _____, они накричали на людей.

10. Женщина сказала: "Я больше никогда не _____ на автобусе!"

They were already expected there. The chief of the police department was sitting at his desk writing something. In front of him, on his desk, was a cup of tea. Above his head on the wall were hanging black-and-white pictures of dangerous criminals currently being sought by the police. He attentively looked at the group of people who entered the premises as if he thought that he could see familiar faces among them. "Well, tell me, what were you doing in the forest, arsonists," he said. He immediately regretted that he had said this, but, as they say, a word is not a sparrow, once it is out - you can't catch it... The people didn't like that he had called them arsonists! In return, they told him everything that they thought about the firefighters, and police, as well as the government and the president of the country where there was no order. Even buses went when and where they wanted and dumped passengers like garbage, in the middle of nowhere for no obvious reason! The fat auntie yelled louder than anyone else, but this time, nobody was stopping her.

"We are no arsonists! You are supposed to be catching criminals, but you're unable to, so you go after normal people like us! We aren't guilty of anything! Some looney on a bus took us to this damn wilderness and dumped us out there. He was laughing at us as he was driving away. What could we possibly have done differently? We waited and waited for somebody to come and get us and got extremely cold! Do you know what the temperature is outside now? We lit the fire to stay alive! Probably it makes no difference to you whether it's winter now or summer! You sit here in your warm room, drinking hot tea, instead of chasing criminals! We have little kids with us, they almost froze completely! Then these firefighters came. We were happy to see them as if they were family, but they yelled at us and wanted to fine us! And now you are looking at us as if we were criminals! Maybe you want to arrest us? Maybe you'll receive a medal if you arrest twenty people at once only because we got in that damn bus? You probably drive a Mercedes, not ride a bus? I will never again in my life ride a bus! I will ride a taxi, or just stay home!" People were shouting so loudly, and with such enthusiasm, that it was impossible to stop them.

IX

Полицейский сидел и ждал, когда они устанут кричать и замолчат. У него заболела голова. "Как же мне не повезло"- подумал он. "С преступниками легче работать, чем с этими "нормальными" людьми." Он старался их не слушать. Наконец люди устали кричать и замолчали. Они молча стояли и смотрели на полицейского. "Что же мне с ними делать?"- подумал он. "И что это за история с автобусом. Не похоже, что они всё это придумали. Слишком разные люди, которые случайно ехали в одном автобусе, каждый по своим делам."

Начальник дал людям бумагу и попросил их написать о том, что с ними случилось. Когда объяснения были написаны, он сказал, что теперь все могут идти. Этого люди не ожидали. "А куда нам идти?"- удивлённо спросили они. "Мы ничего здесь не знаем. Мы даже не знаем, как называется это место. Как мы можем отсюда уехать? Где здесь автобусная станция или поезд?"

Городок назывался Чистый Ключ. Он был очень маленький, всего десять тысяч человек, и находился в двухстах километрах от Валуева, районного центра, где жила Ольга и откуда началась эта история, пока не понятная никому. Это место было очень далеко от той дороги, по которой ездили автобусы в Горюхино. Стало понятно, что "неправильный" автобус увёз их далеко в другую сторону.

Автобусная станция в городке была, но там был только один междугородний автобус, который два раза в день, в пять часов утра и в пять часов вечера ездил в другой, такой же небольшой городок Букашин. Букашин находился в пятидесяти километрах отсюда. Там тоже была автобусная станция с одним автобусом, на котором можно было доехать до третьего городка, где ездил поезд! И вот на этом поезде можно было наконец-то доехать до Валуево! Когда именно уезжает автобус автобус из Букашина и когда уезжает поезд до Валуево, начальник не знал. Всё равно уехать сегодня было невозможно. Было уже девять часов вечера, автобус уже не ездил. Завтра воскресенье, и по воскресеньям автобус тоже не ездит. Придётся ждать до понедельника. Хотя, наверное, и в понедельник автобус может не поехать, потому что снегопад был такой сильный, что дороги закрыты. Поэтому и на машине уехать нельзя, ни одна машина не проедет по такому снегу. Уже бывали такие случаи в прошлом.

Вставьте пропущенные слова из текста:

1. У полицейского _____ голова, потому, что люди кричали.
2. Люди случайно _____ в одном автобусе, каждый по своим делам.
3. Когда люди написали заявления, начальник сказал, что они могут

4. Люди не знали, куда им _____ .
5. Они не знали, как _____ из этого городка.
6. Это место было далеко от той дороги, по которой _____ автобусы в Горюхино.
7. Автобус _____ из одного городка в другой два раза в день.
8. На поезде можно было _____ до Валуево.
9. Начальник не знал, когда _____ поезд до Валуево.
10. Автобус не _____ по воскресеньям.

The policeman sat there waiting for them to get tired of yelling and shut up. They gave him a headache. *Gosh, what horrible luck*, he thought. *It's easier to deal with the criminals other than with these 'normal' people*. He tried not to listen to them. Finally the people got tired and stopped shouting. They were standing silently, looking at the policeman. *What should I do with them*? he thought. *And what is all this about that bus? It doesn't appear they just made it all up. They are just some random people who happened to be in the same bus, each of them going to their own destination. They have nothing in common.*

The chief gave the passengers some paper and asked them to write down what had happened to them. When the statements were written, he told them that they were free to go. Now that was something they didn't expect. "Where do we go?" asked the people, surprised. "We don't know anything here, not even the name of this place. How can we get out of here? Where is a bus station or a train?"

The town, which was very small, of only ten thousand people, was called Chistiy Kliuch. It was two hundred kilometers away from Valuevo, the regional center where Olga lived and where this story, so far a mystery for everyone, had started.

This place was very far from the regular bus route to Gorukhino, and it was clear now that the 'wrong' bus had brought them far from where they should be.

There was a bus stop in town, but with only one bus that twice a day, at five am and five pm, went to another town, Bukashin, equally small. Bukashin was located fifty kilometers from here and it also had a bus station with a single bus that went to a third town, where a train was! By this train, you could finally get to Valuevo! Exactly when leaves the bus from Bukashino and the train to Valuevo the chief didn't know. All the same, it was impossible to leave today. It was already nine pm, so no bus rides would be available. Tomorrow was Sunday, and the bus did not work on Sundays either. They would have to wait until Monday, though even on Monday the bus might not go anywhere because the snowfall was so heavy that the roads were closed. For the same reason it wouldn't be possible to leave by car either. Not a single car could get through such snow. This had already happened in the past on several occasions.

X

Когда Ольга услышала всё это, она чуть не заплакала; встреча с Бобом казалась менее и менее реальной. Мобильный телефон не работал, так что она даже не могла позвонить ему и объяснить, что случилось. И поверит ли он? Трудно поверить в такую странную историю. Наверное, не одна Ольга подумала об этом. Кто-то из мужчин попросил начальника написать справку для его жены о том, что он находится в полиции. "Я же должен ей буду объяснить, почему три дня не был дома. Моя жена никогда не поверит мне на слово, когда я ей всё это расскажу. А кто поверит? Она уйдёт от меня!" "А почему три дня?"- удивился начальник, но посмотрел на девушку, которая стояла рядом с этим мужчиной, и не стал больше ничего спрашивать.

Другие люди тоже стали просить написать им такие же справки, так как многие не смогут вовремя прийти на работу в понедельник. "А мне на неделю справку напишите"- сказала толстая тётка. "Я после такого стресса очень долго не смогу на работу ходить".

Начальник, наконец, рассердился и сказал, что не даст никому никаких справок и что из полиции им надо уйти. Он тоже человек и хочет пойти домой! Из-за них и их автобуса он придёт домой на два часа позже. В помещении полиции ночью могут находиться только арестованные, хотя, если кто-нибудь очень хочет, это можно организовать! Но никто не захотел быть арестованным и оставаться в полиции, и люди предпочли пойти в гостиницу.

Единственная в городке гостиница, к счастью, находилась недалеко, через дорогу от полиции. К несчастью, там было мало свободных мест! В этом городке в это время проходила конференция любителей подлёдной рыбалки, и "любители" заняли почти все комнаты. Те несколько комнат, которые были свободны, в первую очередь получили семьи с детьми, хотя дети были единственными в этой группе, кто не хотел спать. (А вы когда- нибудь знали детей, которые готовы идти спать, когда этого хотят их родители?) Дети думали, что происходит что-то очень интересное, какое-то приключение, и не волновались. Волноваться - занятие для родителей.

Вставьте пропущенные слова из текста:

1. Телефон не работал, и Ольга не могла _____ Бобу.
2. Трудно _____ в такую странную историю.
3. Мужчина попросил начальника написать ему справку о том, что он _____ в полиции.
4. Многие люди не смогут вовремя _____ на работу в понедельник.
5. Начальник сказал, что людям надо _____ из полиции.
6. Начальник сказал, что он хочет _____ домой.

7. Из-за них и их автобуса начальник _____ домой на два часа позже.

8. В полиции ночью могут _____ только арестованные.

9. Люди не захотели оставаться в полиции и предпочли _____ в гостиницу.

10. В городке _____ конференция любителей подлёдной рыбалки.

When Olga heard all that, she nearly cried, as meeting Bob seemed less and less realistic. Her mobile phone was not working so she couldn't even call him to explain what had happened. Would he even believe her? It is hard to believe such a strange story. Probably Olga was not the only one who thought about it. One of the men asked the chief to write a paper to his wife confirming that he was located at the police station. "I'll have to explain to her why I wasn't home for three days. My wife will never believe my word when I'll tell her all this. And who will believe this? She will leave me!" "And why three days?"- asked the chief, surprised, but then he looked at a girl who was standing next to this man and didn't ask anything else.

The other people also started asking to write similar confirmation letters for them, since many of them won't be able to get to work on time on Monday. "Write me a confirmation letter for a week,"- said the fat lady. "After such a stress, I won't be able to go to work for a very long time."

The chief finally got angry and said that the wouldn't give anyone any confirmation letters and that they had to leave the police station. He was a human being, too, and he wanted to go home! Because of them and their bus he would come home two hours later. Only those who are under arrest were allowed to be in the police station during the night, however if somebody really wanted it, it could be arranged! Nobody wanted to be arrested and stay in the police station, and the people preferred to go to a hotel.

The only hotel in town, luckily, was located not far, just across the street from the police office. Unfortunately, there were few vacancies there! At that time, there was a conference of the fans of ice-fishing going on in this town, and the fans occupied almost all the rooms. Those few rooms that were vacant first of all were given to the families with children, though in this group only the children were not sleepy. (Have you ever known any children who were ready to go to sleep when their parents wanted them to?) The children thought that something interesting was going on, some adventure, and weren't worried. Worrying is for the parents.

XI

После того, как семьи с детьми получили комнаты, остались три свободные комнаты на пятнадцать человек. Ольга с ужасом думала, что надо будет разговаривать с этими случайными знакомыми, рассказывать им о себе, наверное, они будут предлагать водку пить... Вообще-то Ольга любила ездить за город на пикники со своими друзьями, коллегами по работе. Любила знакомиться с новыми людьми. Познакомилась же она с Бобом на этой злосчастной конференции в Лас Вегасе в сентябре. Сейчас она почти жалела, что поехала туда. Она не должна была туда ехать, её попросили об этом в последний момент. Её коллега, который должен был поехать на эту конференцию, попал под машину и был в больнице. Кроме Ольги, в тот момент больше ни у кого не было американской визы. Она согласилась, потому что тема конференции была ей хорошо знакома. Ольга была специалистом по ядерной физике и много лет работала по теме, которую обсуждали на конференции. Было интересно послушать американских учёных, узнать, над чем они работают. Конечно, многое держали в секрете, но в рамках русско-американского договора о мирном сотрудничестве учёные - ядерные физики раз в год встречаются и проводят конференции. Ольга в первый раз поехала на такую конференцию и ей было очень интересно. А потом произошёл разговор с Бобом, и после этого её жизнь стала совсем другой.

Ольга так задумалась, что не заметила, как к ней подошёл Сергей. "Послушайте, Анна" - сказал он "Через несколько минут за мной прилетит вертолёт. Хотите полететь со мной к моим родителям? На свадьбу я опоздал, зато все гости уже уехали и у вас будет отдельная комната. Еды много приготовили, у нас всегда много готовят. Лететь не очень далеко, меньше часа. А утром мы подумаем, как вам добраться до Горюхино, если вы к тому времени не передумаете туда ехать."

Вставьте пропущенные слова из текста:

1. Семьи с детьми _____ комнаты.
2. Ольга думала, что надо будет _____ с этими случайными знакомыми.
3. Ольга любила _____ за город на пикники с друзьями.
4. Она любила _____ с новыми людьми.
5. Ольга _____ с Бобом на конференции.
6. Она сейчас почти жалела, что _____ туда.
7. Её коллега _____ под машину и был в больнице.
8. Учёные раз в год _____ на конференциях.
9. Ольга не заметила, как к ней _____ Сергей.
10. Сергей сказал, что скоро за ним _____ вертолёт.

After the families with children had received their rooms, there were three vacant rooms left for fifteen people. Olga thought, terrified, that she would have to talk to those accidental acquaintances, tell them about herself, probably they would offer her vodka to drink... Actually, Olga loved going to the countryside to have picnics with her friends, colleagues at work. She liked meeting new people. Well, she met Bob at that unfortunate conference in Las Vegas in September. Now she almost regretted that she went there. She wasn't supposed to go there, they asked her at the last moment. Her colleague who had to go to that conference was hit by a car and was in a hospital. Except for Olga, no one had an American visa at that time. She agreed, because she was very well familiar with the subject of the conference. Olga was a specialist in nuclear physics and for many years worked on the theme that was discussed at the conference. It was very interesting for her to listen to the American scientists, find out what they were working on. Of course, a lot was kept secret, but within the framework of the Russian- American treaty on peaceful cooperation scientists - nuclear physicists once a year met and held conferences. Olga went to such a conference for the first time and she found it very interesting. Then she had a conversation with Bob and after that her life became entirely different.

Olga was so deep in her thoughts that she hadn't noticed Sergey approach her. "Listen, Anna," - said he, "in a few minutes a helicopter will fly in to pick me up. Do you want to fly with me to my parents' house? I have missed the wedding, but then, all the guests left and you will have a separate room. They cooked lots of food, they always cook a lot in our family. It's not very far to fly, less than an hour. And tomorrow we will think of how to get you to Gorukhino, if by that time you don't change your mind about going there."

XII

Сначала Ольга удивилась, что он назвал её Анной, а потом она вспомнила, что она сама так себя назвала, когда несколько часов назад все сидели у костра в лесу и знакомились друг с другом. Зачем она это сделала, она сама теперь не понимала. Читала в детстве слишком много книг о шпионах... Теперь ей придётся привыкать, что она - Анна. Хотя Анна, её старшая сестра, никогда в жизни не попадёт в такую ситуацию. Анна - профессор математики и очень трезвый человек, без иллюзий, фантазий и романтических идеалов. Ей не надо никаких приключений и у неё никогда не бывает приключений. Её жизнь идёт по плану! Когда Анна ждёт автобуса, он всегда приезжает вовремя. Когда она садится в автобус, он едет только туда, куда должен ехать и куда надо Анне. И ничего вокруг неё никогда не ломается! А вот Ольга совсем другой человек. Вокруг неё всегда беспорядок, хаос. Бесконечное и беспорядочное Брауновское движение. Странно не то, что автобус увёз её не туда, куда она должна была попасть, а то, что это не происходит с ней каждый день. Ольге не так просто попасть из точки А в точку В. Слишком много разных факторов этому мешают. Анна не станет рисковать карьерой, репутацией, может быть, даже жизнью, только чтобы спасти человечество от ядерной катастрофы. Голодную собачку на улице Анна спасёт. Ребёнка или даже взрослого человека постарается спасти, если сможет. А человечество, так думает Анна, всё равно никто и ничто не спасёт. Человечество не хочет, чтобы его спасали. Человечество любит войны.

"Почему вы приглашаете меня?"- спросила Ольга Сергея. "Многие из нашей группы хотят скорее уехать отсюда." Одновременно она думала:"Почему он приглашает меня? Можно ли ему доверять? Я же его первый раз в жизни вижу, и он меня первый раз в жизни видит. Почему он выбрал меня? И не будет ли этот полёт похож на ту злосчастную поездку на автобусе с ненормальным водителем? Взлетим повыше, и он скажет: "Прилетели! Выходите! Вертолёт сломался, подождите немного, посидите здесь на облаке, скоро за вами другой вертолёт прилетит!" Потом он откроет дверь и бросит меня вниз... А пилот будет смеяться... Ну и хорошо, пусть бросит... тогда все мои волнения закончатся... Интересно, откуда у него вертолёт?"

Вставьте пропущенные слова из текста:

1. Анна никогда не _____ в такую ситуацию.
2. Её жизнь _____ по плану.
3. Когда Анна ждёт автобус, он всегда _____ вовремя.
4. Когда она садятся в автобус, он _____ туда, куда должен _____.
5. Вокруг Анны никогда ничего не _____.

6. Ольге не так просто _____ из точки А в точку В.
7. "Почему вы _____ меня?" - спросила Ольга Сергея.
8. Многие из нашей группы хотят скорее _____ отсюда.
9. Ольга думала, что полёт будет похож на _____ на автобусе.
10. Вертолёт сломался, скоро за вами другой вертолёт _____.

At first Olga was surprised that he had called her Anna, but then she remembered that she had introduced herself that way when they had been sitting by the fire in the forest getting acquainted with each other. What for she had done that she now didn't understand. She had been reding to many spy books as a child... Now she had to get used to being Anna... Though Anna - her elder sister - would never get in such a mess in her entire life. Anna was a math professor and a very level headed person, without illusions, fantasies and romantic ideals. She needed no adventures and she never had any adventures. Her life went on as planned! When Anna was waiting for a bus, it always cane on time and when she got on the bus, it went strictly where it was supposed to go and where Anna needed. And nothing around her ever broke down! Olga, meanwhile, was a totally different person. Olga always had chaos around her, endless Brownian motion without particular direction. The strange thing was not that the bus had brought her not where she needed to get, but that this wasn't happening to her every day. It's not so easy for Olga to get from point A to point B. Too many various factors interfere with it. Anna wouldn't risk her career, reputation, maybe even life to save the mankind from a catastrophe. Anna would save a hungry dog on the street, she would try to save a child or even an adult, if she could. But the mankind, as Anna thought, nobody and nothing would save anyway. The mankind didn't want to be saved, the mankind loved wars.

"Why are you inviting me?" - Olga asked Sergey. "Many people from our group want to leave this place as soon as possible." At the same time, she was thinking, *Why is he inviting me? Can I trust him? This is the first time In my life that I see him, and the first time in his life that he sees me. Why has he chosen me? Will this flight be like that unfortunate ride on the bus with the crazy driver? Once we've flown high enough, he will say, 'We have arrived! Exit! The helicopter has broken down, wait a little, sit here on this cloud, soon another helicopter will fly here to get you!' Then he will open the door and through me down... And the pilot will laugh.... Well, that's fine, let him throw me down... Then all my troubles will be over... I wonder, where did he get a helicopter?*

XIII

Сергей ответил: "Мне кажется, все остальные в нашей группе чувствуют себя очень хорошо. Семьи с детьми получили комнаты в гостинице и отдыхают, остальные сейчас найдут, что им выпить и поесть, и будут радоваться жизни. Для них это приключение. А что? Все живы, здоровы, согрелись. Домой спешить не надо. Телефоны не работают, жёны и мужья, которые дома остались, звонить не будут! Те, кто дома ждут, поволнуются немного, а потом всё опять будет в порядке. Не выходные, а мечта! Они будут рады, если даже на неделю здесь останутся из-за снегопада. Рыбу будут ловить подо льдом вместе с рыбаками, которые на свою конференцию приехали. Посмотрите на них: смеются, шутят. Гитару нашли, песни петь будут. Даже тётка, которая всё время злая была, стала улыбаться. А вы другая, вы грустная, как будто вас что-то волнует. Похоже, что вам действительно надо уехать отсюда".

Услышав слово конференция, Ольга вспомнила, что время бежит, а она ещё дальше от Горюхино, чем была утром, и может не встретиться с Бобом до его отъезда. "Большое спасибо. Я с удовольствием полечу с вами"- сказала она. Она забыла спросить, откуда у него вертолёт, но это неважно, потом спросит. Главное, что она улетит из этого богом забытого городка, из которого невозможно уехать по земле. Может быть, здесь никогда улицы не чистят от снега? Как же люди здесь передвигаются зимой, интересно? На оленях и собаках? Или сидят по домам, работают из дома, только в магазин иногда выходят? Или им продукты бросают с вертолёта, так что и в магазин идти не надо?

Они вышли на улицу, где было очень тихо, воздух был холодным и чистым, снегопад кончился. Снега было много, и всё вокруг было ярким, чистым и белым. Небо было звёздным, на тёмном небе ярко светила луна. Красиво! Ольга на минуту забыла обо всём, просто стояла и смотрела на снег, деревья, небо и звёзды. Сергей стоял рядом; разговаривать не хотелось, молчали. В тишине они услышали шум вертолёта. "Это Василий"- сказал Сергей. "Мой пилот. Скоро будем дома."

Вставьте пропущенные слова из текста:

1. Семьи с детьми _____ комнаты в гостинице и _____.

2. Они будут ловить рыбу с рыбаками, которые _____ на конференцию.

3. Похоже, вам действительно надо _____ отсюда.

4. Ольга вспомнила, что время _____, а она далеко от Горюхино.

5. Ольга может не _____ с Бобом до его отъезда.

6. Она сказала: "Я с удовольствием _____ с вами".
7. Главное, что она _____ из этого городка, из которого невозможно _____ по земле.
8. Интересно, как здесь люди _____ зимой?
9. Люди сидят по домам и только иногда _____ в магазин.
10. Продукты _____ с вертолёта, так что в магазин _____ не надо.

Sergey answered, "It seems to me that everybody else in our group feel fine. The families with kids got rooms at the hotel and are resting now, everybody else will now find something to eat and drink and will enjoy themselves. It's an adventure for them. Why not? They all are alive and well, got warm, there is no reason for them to hurry home. The phones aren't working, their wives and husbands who stayed at home won't call them! Those who are waiting home for them will worry for a while, but afterwards everything will be back to normal again. This is a dream weekend! They will be glad if they have to stay here for a week because of the snow fall. They will be ice fishing with the fishermen who came to their conference. Look at them: they are laughing, joking, they found a guitar and will be singing songs. Even the woman who was mean all the time is smiling now. While you, you are different, you look sad, as if something worries you. You look like you really need to get out of here." Having heard the word "conference", Olga remembered that the time was running, while she was even further away from Gorukhino than she had been in the morning and might not see Bob before he leaves. "Thank you very much, I will be happy to fly with you", said she. She forgot to ask where he had gotten a helicopter, but that was not important, she would ask him later. The most important thing for her was to fly away from this god-forsaken town, which was impossible lo leave by land. Maybe they never remove snow from the streets here? She was wondering how people were moving around here in winter, maybe on the deers and dog sledges? Or they just stay in their homes all the time, work from home and occasionally go shopping? Or helicopters throw them their groceries so that they don't even have to go to a store?

They went outside, where it was very quiet, the air was cold and clean, and the snowfall had stopped. There was a lot of snow around and everything looked bright, clean and white. The sky was starry, and the moon was shining brightly. It was beautiful! For a moment, Olga forgot about everything and just stood there looking at the snow, trees, sky and stars. Sergey was standing next to her; they didn't feel like talking and were silent. In silence, they heard the sound of a helicopter coming. "This is Vasiliy, my pilot. Soon we will be home", said Sergey.

XIV

"Это он будет дома"- грустно подумала Ольга. "А я? Я где буду? Что я делаю? Куда я лечу с абсолютно незнакомым человеком? Зачем? Могла остаться со всеми вместе в гостинице, пить водку и петь песни. А я приключения ищу... Если со мной что-то случится и я не вернусь домой, никто не узнает, где я. Да и кто меня будет искать? Мама? Анна? Вадим? Коллеги по работе? Пока они поймут, что меня нет и что-то случилось, пройдёт много времени. Несколько недель, может быть?"

Ольга жила одна и часто работала дома, когда писала научные статьи. На работе никто не удивится, что её нет в лаборатории. Её мама и сестра жили в Москве. Москва далеко...

Ольга жила в Сибири, в городе, который называется Валуево, а родилась и выросла в Москве. В Валуево она переехала после окончания университета, когда ей было двадцать три года. Здесь находится знаменитый на весь мир научно-исследовательский институт ядерной физики. Ольга была талантливым молодым учёным-физиком, и работа в этом институте ей очень нравилась. Конечно, иногда она скучала по Москве, по маме, сестре, друзьям.

Прошло уже двенадцать лет с тех пор, как она переехала сюда. Она приезжала в гости к родным в Москву, но не часто. Самолётом лететь шесть часов, поездом ехать два дня. Билеты дорогие, зарплата небольшая и отпуск короткий. Разговаривали по телефону примерно раз в неделю. Ольгина мама ещё работала, но мечтала через несколько лет уйти на пенсию. Тогда она сможет часто приезжать в гости к Ольге, а может быть, и переедет к ней жить (Ольга очень надеялась, что это будет не скоро!) У Анны была своя семья, муж, двое детей, хорошая работа, хорошая зарплата. За Анну мама не волновалась. Анна всегда знала, что правильно, а что неправильно, что полезно, а что вредно, что хорошо, а что плохо, что ей надо и чего не надо. Ольга другая. Неосторожная, не боится делать ошибки, экспериментировать. Понятно, что на работе ей приходится делать много научных экспериментов, но это работа. А жизнь - это не эксперимент. Все правила давно известны и давно написаны. Так думали мама с Анной. Ольга, конечно, думала по-другому.

Вставьте пропущенные слова из текста:

1. Ольга подумала: "Куда я _____ с абсолютно незнакомым человеком?"
2. Она могла _____ в гостинице вместе со всеми.
3. Ольга _____ и выросла в Москве.
4. Она _____ в Валуево после окончания университета.
5. Здесь _____ знаменитый на весь мир институт.

6. _____ уже двенадцать лет с тех пор, как она _____ сюда.

7. Она _____ в гости к родным в Москву, но не часто.

8. Самолётом _____ шесть часов, поездом _____ два дня.

9. Ольгина мать мечтала через несколько лет _____ на пенсию.

10. Ольге на работе _____ делать много экспериментов.

It's he who will be home, Olga thought with sadness. *But how about me, where will I be? What am I doing flying somewhere with a complete stranger? What am I doing this for instead of staying in the hotel together with everyone else, drinking vodka and singing songs? I am looking for adventures... If something happens to me and I never get back home, no one will know where I am. And who will start looking for me, mom, Anna, Vadim, my colleagues at work? Before they realize that I am not there and something has happened, a lot of time will have passed, several weeks, maybe?*

Olga lived alone and often worked from home when she was writing scientific articles. No one at work will be surprised that she was not in the laboratory. Her mother and sister lived in Moscow, and Moscow was very far away.

Olga lived in Siberia, in a city named Valuevo, but she was born and raised in Moscow. She had moved to Valuevo after she had graduated from the university when she was twenty three. A world-famous Institute of Nuclear Physics was located there. Olga was a talented young scientist-physicist and she very much liked working at that Institute. Of course, sometimes she missed Moscow, her mom, her sister, her friends. It had already been twelve years since she moved here. She visited her family in Moscow, but not often. It's a six-hour flight by a plane and a two-day ride in a train. The tickets were expensive, her salary was not big and her vacation was short. They talked over the phone approximately once a week. Olga's mother still worked but was hoping to retire in a couple years. Then she would be able to visit Olga frequently, and maybe even would move in with her (Olga was truly hoping that it wouldn't be any time soon!) Anna had her own family, a husband, two children, good job, good pay. Mom wasn't worried about Anna. Anna always knew what was right and what was wrong, what was healthy and what wasn't, what was good and what was bad, what she needed and what she didn't need. Olga was different. She takes risks, she wasn't afraid to make mistakes, experiment. Naturally, she had to conduct many experiments at work, but that was her job, while life was not an experiment. All the rules had been written long ago and were well known - that's what mom and Anna thought, while Olga, of course, thought differently.

XV

Вскоре после переезда в Сибирь Ольга вышла замуж, но через несколько лет они развелись. Вадим, муж Ольги, был спортивным тренером, тренировал команду хоккеистов. Он часто уезжал в поездки вместе со своей командой. Ольга была не против. Она сама очень любила свою работу, часто оставалась там вечерами, чтобы закончить какой-то проект. Вадиму это не нравилось. Он думал, что она слишком много времени проводит на работе и слишком мало времени проводит дома с мужем. Обычно женщины обижаются, что их мужья слишком поздно приходят с работы и интересуются работой больше, чем семьёй. А в их семье было наоборот. Когда он возвращался домой из своих поездок, ему хотелось видеть красивую жену, красиво накрытый стол, вкусную домашнюю еду. Каждый женатый мужчина этого хочет. Но Ольга не была идеальной женой, о которой мечтает каждый мужчина.

Во-первых, она не умела хорошо готовить. Мама не смогла её научить, а теперь уже поздно, объясняла Ольга. "Не надо делать из еды культа!"- весело говорила она и открывала какую-нибудь консервную банку. Она даже написала эти слова на бумаге и они висели рядом с холодильником, в котором часто ничего не было. Она забывала ходить за продуктами.

Во-вторых, Ольга даже дома с энтузиазмом рассказывала мужу о своих экспериментах. Вадим ничего не понимал в ядерной физике, ему было неинтересно. Когда к ним в гости приходили Ольгины коллеги, Вадиму не о чем было с ними разговаривать. Он скучал, и Ольга перестала приглашать своих друзей. А с хоккеистами Вадима скучно было Ольге.

В-третьих, у них не было детей, а Вадим очень хотел сына. Мечтал научить его играть в хоккей и вырастить из него чемпиона.

В одной из своих поездок Вадим встретил другую женщину, которая была больше похожа на женщину его мечты и идеальную жену, и остался с ней.

Больше всех развод переживала Ольгина мама, которой Вадим очень нравился. "Для Вадима тебе надо было родить спортсменку-чемпионку, а не меня" - говорила ей Ольга. Она не слишком переживала. Они с Вадимом остались в хороших отношениях. Если ей бывала нужна какая-то помощь по дому или с машиной, Вадим всегда был готов помочь. У него были, как говорится, "золотые руки". "Кто же ей ещё поможет, кроме меня"- объяснял он своей новой жене. "Все её друзья безрукие. Умные слишком".

Вставьте пропущенные слова из текста:

1. Вскоре после _____ в Сибирь Ольга _____ замуж.

2. Вадим часто _____ в поездки со своей командой.

3. Вадим думал, что Ольга слишком много времени _____ на работе.
4. Обычно женщины обижаются, что их мужья поздно _____ с работы.
5. Когда Вадим _____ из поездок, ему хотелось видеть дома жену.
6. Ольга забывала _____ за продуктами.
7. Когда в гости _____ Ольгины коллеги, Вадиму было скучно.
8. Ольга перестала _____ своих друзей.
9. Вадим _____ другую женщину и _____ с ней.
10. Ольга и Вадим _____ в хороших отношениях.

Soon after having moved to Siberia Olga got married, but in a few years they divorced. Vadim, Olga's husband, was a sports coach. He trained a hockey team. He often traveled with his team and Olga didn't mind it. She loved her job very much and frequently stayed there late after hours to finish some project. Vadim didn't like that at all. He thought that she spent too much time at work and spent too little time home with her husband. Usually women get upset when their husbands come home from work way too late and are more interested in their work than in their family. In Olga's family, things were different. When Vadim got back home from his trips he wanted to see his beautiful wife, a nicely set table, and tasty home cooked food. Every married man wants this, but Olga wasn't an ideal wife that every man dreams of. First of all, she couldn't cook very well. Mom was unable to teach her, and now it was too late, explained Olga. "Don't turn food into a cult!" she used to say cheerfully while opening some can. She even wrote those words on a sheet of paper and hung it next to the refrigerator, which was frequently empty because she forgot to go shopping. Secondly, Olga even talked at home to her husband with enthusiasm about her experiments. Vadim understood nothing in nuclear physics and he wasn't interested in the subject. When Olga's colleagues came to visit, Vadim had nothing to talk to them about. He got bored, so Olga stopped inviting her friends. Olga, in her turn, was bored with Vadim's hockey players. Third, they didn't have children, while Vadim very much wanted to have a son. He dreamed of teaching his son to play hockey and raise him as a champion.

On one of his trips, Vadim met another woman, who looked more like his dream and an ideal wife, and he stayed with her. Olga's mother, who liked Vadim very much, was upset with the divorce more than anybody else. "For Vadim, you should have given birth to a sportswoman and champion, not to me," Olga used to say to her. She herself was not too upset. She remained friends with Vadim. If she needed any help around the house or with her car, Vadim was always ready to help her. He had, as they say, "golden hands." "Who else will help her, if not me," he explained to his new wife. "All her friends are worthless when it comes to working with their hands. They are all way too smart."

XVI

Ольгины воспоминания прервал шум вертолёта, который подлетел уже совсем близко. Сергей махал руками, чтобы пилот его увидел, и Ольга тоже стала махать пилоту руками. Вертолёт стал снижаться. Сергей помог Ольге сесть в вертолёт, потом сел сам, закрыл дверь и они взлетели. "Будь что будет"- подумала Ольга - "Назад дороги нет." Она никогда раньше не летала на вертолёте, да и самолёты не очень любила, боялась высоты. Она закрыла глаза, но потом ей стало интересно, и она посмотрела вниз. Они уже отлетели довольно далеко от городка, но его огни ещё были видны. С одной стороны от городка было большое поле, наверное, то, через которое она сначала ехала на автобусе, а потом шла пешком с группой пассажиров. С другой стороны был лес. Везде лежал снег. Где-то под снегом, наверное, была река, но сейчас её не было видно. Было уже очень темно.

"Где живут ваши родители?"- спросила Ольга Сергея, чтобы прервать молчание. Сергей назвал место, но это название было Ольге незнакомо. "Сколько времени мы будем туда лететь? И как вы смогли позвонить им, ведь ни у кого не работали мобильные телефоны?"- спросила она. "Лететь около получаса. Позвонил я им по обычному, кабельному телефону. Это только мобильной связи здесь нет, а кабельные телефоны работают. Я попросил полицейского разрешить мне позвонить по его телефону, и он мне разрешил. Я ведь тоже офицер полиции. Мы помогаем друг другу." Когда Ольга услышала, что он офицер полиции, ей стало нехорошо. Она чувствовала себя, как преступница, хотя не сделала никому ничего плохого. То, что она планировала сделать, было, конечно, против правил. Она нарушала служебную дисциплину. Если у неё в институте узнают, что она без их разрешения секретно встречается с американским учёным и обсуждает секретный ядерный проект, у неё будут серьёзные проблемы. Она может потерять работу, но бояться полицию ей не надо. Ольга старалась объяснить это сама себе, но неприятное чувство не проходило. Сергей заметил, что с ней что-то не так. "Я боюсь высоты"- объяснила она. "Закройте глаза"- сказал Сергей -" Мы скоро будем на месте. Всё будет в порядке. Не бойтесь. "

Вставьте пропущенные слова из текста:

1. Ольгины воспоминания прервал шум вертолёта, который _____ уже совсем близко.
2. Ольга и Сергей сели в вертолёт и _____.
3. Ольга никогда раньше не _____ на вертолёте.
4. Когда Ольга посмотрела вниз, они _____ уже далеко от городка.

5. Возле городка было поле, по которому она _____ на автобусе, а потом _____ пешком.

6. "Сколько времени мы будем туда _____ ?" - спросила Ольга.

7. Сергей попросил полицейского разрешить ему _____ по телефону.

8. Если в институте узнают, что Ольга _____ с американским учёным, у неё будут проблемы.

9. Она может _____ работу.

10. Неприятное чувство не _____ .

Olga's memories were interrupted by the sound of the helicopter, which was already very close. Sergey started waiving so that the pilot would notice him, and so did Olga. The helicopter started to descend. Sergey helped Olga get into the helicopter, then he got in, closed the door and they flew away. *What will be, will be*, Olga thought. *There is no coming back now.*

She had never before flown in a helicopter and didn't even like planes much. She was afraid of heights. She closed her eyes, but then she got curious and looked down. They had already flown rather far away from the town, but its lights were still visible. On one side of the town, there was a huge field. It probably was the one she had first been crossing in the bus and then again on foot with the group of passengers. On the other side, there was a forest. Everything was covered in snow. Somewhere under the snow probably was a river, but right now, it was not visible. It was very dark already.

"Where do your parents live?" Olga asked to interrupt the silence. Sergey gave her the name of the place, but it was not familiar to Olga. "How long will we be flying there and how were you able to call them when the mobile phones were not working?" she asked. "It's about thirty more minutes to the house and I called them on the regular cable phone. There is no mobile connection here, but the cable phones are working. I asked the policeman to let me use his phone and he allowed me to do so. I am also a police officer and we help each other."

When Olga heard that he was a police officer she felt bad. She felt as if she were a criminal, though she hadn't harmed anyone. The thing that she was planning to do, was, of course, against the rules and violated labor ethics. If in the institute someone found out that she, without their permission, secretly met with an American scientist to discuss a confidential nuclear project, she would be in a serious trouble. She could lose her job, but she had no reason to be afraid of the police. Olga tried to explain this to herself, but the unpleasant feeling wouldn't go away. Sergey noticed that something was wrong with her. "I am afraid of heights," she explained. "Close your eyes, he said. We will be there very soon and everything will be fine, don't worry."

XVII

Через некоторое время вертолёт сел на землю и они увидели машину и водителя, который их ждал. Ехали недолго, дорога, к счастью, была чистая, снег убрали. Через несколько минут машина остановилась возле какого-то дома. Во дворе горела уличная лампа. "Вот мы и приехали"- сказал Сергей, и они вышли из машины. Водитель сразу же уехал. "Да уж, приехали, третий раз за сегодняшний день слышу эти слова. Куда же теперь я приехала?"- устало подумала Ольга. - "Будет ли конец у этой поездки? Всего один день прошёл, а кажется, что уже целый месяц куда-то еду и доехать не могу..."

У родителей Сергея был отдельный дом. Двор, как Ольга могла увидеть при свете уличной лампы, был большим. Навстречу им выбежали собаки, залаяли. "Не бойтесь"- сказал Сергей - "Они не злые и они меня знают". Дверь была не заперта, и они вошли в дом. Там было тепло и тихо. Родители, наверное, уже спали. Сергей показал Ольге комнату для гостей. "Положите здесь свои вещи и пойдёмте на кухню. Я умираю от голода, и вы, конечно, тоже"- сказал он. Это была правда, за весь этот долгий день Ольга почти ничего не ела. Она не могла отказаться от еды, хотя и боялась, что за ужином Сергей начнёт расспрашивать её о её жизни. Она не хотела говорить ему ничего о своей профессии. Ему не надо знать, кто она такая и чем занимается.

В холодильнике было очень много еды! Ольга почувствовала, какая она голодная. Сергей взял из холодильника курицу, картошку, зажёг огонь на газовой плите, согрел еду. "Мои родители несовременные люди"- сказал он - "У них нет микроволновки. Они и готовят, и греют еду на огне. Где-то они прочитали, что микро волны - вредная вещь. Я с ними не спорю. Мама хорошо готовит, я люблю приезжать к ним пообедать в выходные." "Значит, он не женат"- поняла Ольга и решила сказать ему, что в Горюхино её ждёт жених. "Не могли бы вы включить радио?"- попросила она -"Давайте новости послушаем.

Сергей включил радио, и они сели за стол и начали с аппетитом есть курицу с картошкой. По радио передавали местные новости. Ничего интересного. Снегопад, дороги закрыты. Этим никого не удивишь в Сибири зимой. Вдруг диктор передал сообщение полиции города Валуево о том, что сегодня рано утром были украдены деньги из городского банка. Преступника пока не нашли. В полиции думают, что преступник недавно сбежал из тюрьмы. Наверное, у него были помощники. Людей, которые могли видеть преступника или знали что-нибудь об этой краже, просят позвонить в полицию.

Вставьте пропущенные слова из текста:

1. Через некоторое время вертолёт _____ на землю.
2. _____ недолго, дорога, к счастью, была чистая.
3. "Вот мы и _____ "- сказал Сергей, и они _____ из машины.

4. Водитель сразу же _____.

5. Всего один день _____ , а кажется, что целый месяц.

6. Навстречу им _____ собаки, залаяли.

7. Дверь была не заперта, и они _____ в дом.

8. "Полощите здесь свои вещи и _____ на кухню"- сказал Сергей.

9. Сергей любит _____ к родителям пообедать в выходные.

10. Полиция думает, что преступник _____ из тюрьмы.

Soon the helicopter landed and they saw a car, with a driver, waiting for them. The ride was not long, and luckily, the road had been cleared of the snow. In a few minutes the car stopped near a house where a street lamp was burning in the front yard. "We have arrived," Sergey said. They got out of the car and the driver left at once. Sure, we have arrived. This is the third time that I am hearing these words today. Where have I arrived at? Thought Olga, tired. Will this trip ever end? It has been only one day, but I feel as if I have been on the road for an entire month and still am not able to reach my destination.

Sergey's parents had their own house. The yard, Olga noticed, was rather big. Dogs ran towards them, barking, but Sergey said, "Don't be afraid, they are not mean and they know me." The door was not locked and they walked in. It was dark and warm inside the house. The parents were probably already asleep, and Sergey took Olga to the guest room. "Leave your things here and let's go to the kitchen. I am starving and I am sure so are you," he said. It was true. During this entire long day Olga had eaten next to nothing. She could not say "no" to the food, even though she was afraid that during supper, Sergey would start asking her questions about her life. She didn't want to tell him anything about her profession. He had no need to know who she was or what she did for a living.

There was plenty of food in the refrigerator. While looking, Olga realized just how hungry she was. Sergey got a chicken and some potatoes out of the fridge, turned on the fire on the gas stove, and warmed up food. "My parents are old-fashioned people," he said. "They don't have a microwave oven. They cook and warm up food on the fire. They've read somewhere that micro waves are not healthy and I do not argue with them. My mom cooks very well and I like coming for dinner on the weekends." So, he isn't married, Olga thought. She decided to tell him that her fiancee was waiting for her in Gorukhino. "Could you turn on the radio?" she asked. "Let's listen to the news. "

Sergey turned on the radio. They sat down and with a great appetite started eating chicken with potatoes. Local news was on the radio, but there was really nothing interesting. Due to the heavy snowfall, the roads were closed. Who would be surprised with that in Siberia in winter? Suddenly, the announcer read the information received from the Valuevo Police Department. Very early this morning there was a bank robbery from one of the city banks. The police had not found the criminal yet. They believed that he had recently escaped from prison and likely had accomplices. The police were asking those who might have seen the criminal, or knew anything about the theft, to please call them.

XVIII

Интересно, подумала Ольга, как в двадцать первом веке можно украсть деньги из банка? Раньше это было просто. Только ленивые люди не грабили банки... Приходят несколько человек в банк, днём, показывают пистолеты, люди ложатся на пол, кассир отдаёт деньги, грабители уходят. Иногда их потом ловят, иногда нет. Вспомните Бонни и Клайд... Каждый человек иногда мечтает ограбить банк. Большинство понимает, что это невозможно, а кто-то идёт и грабит. Интересно, найдут этого преступника или нет? Тут она вспомнила, что Сергей - офицер полиции, и решила узнать его мнение. "Как вы думаете, Сергей, поймают ли этого грабителя? И как он смог украсть деньги из банка?"

"Поймают, конечно"- ответил Сергей. "Пока не знаю, как он это сделал. Я, как и вы, провёл сегодняшний день довольно странно и пока не разговаривал с коллегами по работе. Сейчас уже поздно, а завтра утром я позвоню в моё отделение полиции и всё узнаю."

Ольга не стала расспрашивать Сергея более подробно о том, в каком именно отделении полиции он работает и чем занимается. Не хотела, чтобы он стал, в свою очередь, задавать такие же вопросы ей. Она ещё не придумала, как ему соврать, а говорить правду не хотела. Врать тоже не очень хотелось. Хватит того, что он зовёт её Анной. Когда Сергей всё-таки спросил её о её работе, она ответила ему: "Извините, но у меня есть правило - никогда не разговаривать о работе в выходные дни. В субботу и воскресенье я отдыхаю и хочу говорить и думать о совсем других вещах. Работа - скучная тема для разговора. Намного интереснее узнать про ограбление банка. Лучше скажите мне, что вы думаете о том, что случилось с нами? Вы думаете, что наш автобус правда сломался и за нами должен был приехать другой автобус? А почему он не приехал? Куда уехал наш водитель? Там никаких городов рядом нет. И почему мы ехали не по дороге в Горюхино? Он что, заблудился?" Чем больше Ольга думала над этой ситуацией, тем больше у неё было новых вопросов, на которые она не могла найти ответ. "Мне надо подумать над этим"- сказал Сергей - "Что-то очень странное случилось сегодня с нами. Мне почему-то кажется, что эта история ещё не закончилась."

Вставьте пропущенные слова из текста:

1. Интересно, подумала Ольга, как можно _____ деньги из банка?
2. Интересно, _____ преступника или нет?
3. Сергей сказал, что _____ сегодняшний день довольно странно.
4. Ольга не стала _____ Сергея о его работе в полиции.

5. Она не хотела, чтобы он стал _____ задавать такие же вопросы ей.
6. У неё есть правило - не _____ о. Работе в выходные дни.
7. В субботу и воскресенье я _____.
8. Что вы думаете о том, что _____ с нами?
9. Вы думаете, что наш автобус правда _____?
10. "Что-то очень странное _____ сегодня с нами"- сказал Сергей.

I wonder, Olga thought, *how can anyone steal money from a bank in the twenty first century? Previously it was easy. Only lazy people did not rob banks. Several people would enter a bank during the day, show their pistols to everybody, bank customers would lie down on the floor, the cashier would give them the money and the robbers would leave. Sometimes they were caught, sometimes they weren't. Remember Bonnie and Clyde? Everyone dreams of robbing a bank at some point. The majority understand that it is impossible, while some go and do it.* She wondered whether the criminal would be arrested or not? Then she remembered that Sergey was a police officer and decided to ask his opinion. "What do you think, Sergey, will they catch this thief? How was he able to steal money from the bank?" "Of course they will catch him," answered Sergey. "I don't yet know how he stole the money. Just like you, I've spent the day in a rather strange way and haven't yet talked to my colleagues at work. It's too late now, but tomorrow morning I will call my police department and find out everything." Olga decided not to ask him any details about exactly which police department he worked for or what he did there. She didn't want him to ask her similar questions in return. She hadn't yet thought of any lies to tell him, and she didn't want to tell him the truth. She didn't really want to lie to him either. It was enough that he was calling her Anna.

When Sergey, indeed, asked her about her job, she answered, "I apologize, but I have a rule to never talk about my job on the weekends. I relax on Saturdays and Sundays and want to talk and to think about totally different things. Work is a very boring subject for a conversation. I'd rather you told me what, in your opinion, happened to us today? Do you really think that our bus broke down and another bus was supposed to come and get us? Why didn't it come, then? And where did our driver go, there are no towns nearby. Why weren't we going on the road to Gorukhino? Did the driver get lost?" The more Olga thought about that situation, the more new questions came up to which she couldn't find any answers. "I need to think about it," Sergey said. "Something very strange happened to us today, and for whatever reason, it seems to me that this story isn't over yet. "

XIX

Ольга думала, что встанет очень рано утром и решит, как ей добраться до Горюхино, но когда она проснулась в воскресенье, было уже десять часов утра. Боб приехал до понедельника. Если она срочно не придумает, как ей туда попасть, они могут не встретиться. Она услышала голоса и пошла на кухню. Сергей и его родители сидели за столом и завтракали. Они приветливо поздоровались с Ольгой, но назвали её Анной. "Никогда в жизни больше не буду врать"- хотела пообещать себе Ольга, но не смогла. Хорошо, что ей недолго оставалось быть Анной, только несколько часов.

Она налила себе чаю и села за стол завтракать. По радио передавали новости о вчерашнем ограблении банка. Все с интересом слушали. Теперь полиция думала, что преступник работал в охране банка. У него был помощник, может быть, даже несколько. Деньги были украдены рано утром, когда в банке никого не было. Преступник вынес деньги из банка и уехал с места преступления на автобусе. Он был за рулём. Возле банка находится автобусная остановка. Перед ограблением преступник угнал автобус из автобусного парка и оставил его на остановке. Преступник уехал из города на автобусе и скрылся. По дороге, когда автобус проезжал по городу, в него сели несколько человек под видом пассажиров. Полиция думает, что это были сообщники грабителя, которые помогли ему скрыться. Сейчас этих людей ищут.

Ольга так удивилась, что пролила чай на стол. Она не могла поверить своим ушам. "Это же про нас говорят!" - почти закричала она - "Это же мы ехали в одном автобусе с грабителем! Полиция думает, что мы помогали ему грабить банк? Что нам теперь делать? Они что, арестуют нас всех? Ужас какой!" Она хотела сказать: "Какие же идиоты работают в нашей замечательной полиции!" но вспомнила, что Сергей - полицейский, и не стала этого говорить.

"Что же нам теперь делать?"- повторила она свой вопрос. "К сожалению, мы с вами попали в довольно неприятную историю"- ответил Сергей - "Конечно, нас никто не арестует, но нам придётся поехать в отделение полиции города Валуево и написать объяснение. Мы должны это сделать сегодня. Мы - последние, кто видел этого грабителя. Мы обязаны помочь полиции его найти. Боюсь, что вам придётся поехать в Горюхино в другой раз. Вертолёт уже летит за нами."

Вставьте пропущенные слова из текста:

1. Ольга думала, что _____ рано утром и решит, как ей _____ до Горюхино.
2. Боб _____ до понедельника.

3. Если она не придумает, как туда попасть, они могут не
_____.

4. Она услышала голоса и _____ на кухню.

5. По радио _____новости об ограблении банка.

6. Преступник _____ с места преступления на автобусе.

7. Рядом с банком _____ автобусная остановка.

8. Когда автобус _____по городу, в него сели несколько человек.

9. Ольга не могла _____ своим ушам.

10. "Мы _____ в неприятную историю" - сказал Сергей.

Olga thought that she would get up very early in the morning and decide how she would go to Gorukhino. However, when she woke up on Sunday, it was already ten o'clock. Bob was staying until Monday. If she didn't think of how to get there as soon as possible, her and Bob might never meet. She heard voices and went to the kitchen. Sergey and his parents were sitting at the table having breakfast. They warmly greeted Olga, calling her Anna. *I will never again lie in my entire life*, Olga wanted to promise to herself, but couldn't. It was a good thing that she didn't have to remain Anna much longer, only a few more hours. She poured herself a cup of tea and sat down to eat her breakfast. The news about yesterday's bank robbery was on the radio and everybody listened with interest. Now the police thought that the criminal worked at that bank as a guard. He had an accomplice, maybe even several. The money had been stolen early in the morning when there was nobody in the bank. The criminal, after having taken the money, left the crime scene by bus, which he himself drove. There was a bus stop near the bank. Prior to the bank robbery, the criminal had hijacked a bus from a bus station, and parked it at that bus stop. The criminal then left the city and disappeared, but as he drove through the city, several people entered the bus as passengers. The police thought that these people were the accomplices who had helped the criminal to escape. The police were currently looking for these people.

Olga was so stunned that she spilled her tea on the table. She couldn't believe her ears. "They are talking about us!" She was almost shouting, "It was us who was riding in the same bus with the criminal, and now the police think that we helped him rob the bank? What do we do now? Are they going to arrest us all? That is so horrible!" She wanted to add, what idiots work for our terrific police force, but remembered that Sergey was a policeman, so she didn't say that. "What do we do now?" she repeated her question. "Unfortunately, you and I got involved in a rather unpleasant situation," answered Sergey. "Of course nobody will arrest us, but we will have to go to the police department in Valuevo and write a statement. We must do it today since we are the last people who saw this criminal and our duty is to help the police find him. I am afraid that you will have to go to Gorukhino some other time. The helicopter is already on the way here to pick us up."

XX

"Я не могу поехать в Горюхино в другой раз"- хотела закричать Ольга. "Другого раза не будет! Смертоносные лучи, которые могут уничтожить нас всех, уже почти готовы! Кто-то из русских учёных, которые работают в Институте Ядерной Физики, вместе с кем-то из американских учёных тайно делают смертоносный аппарат, которым смогут угрожать всему человечеству. Надо остановить этих людей! Время уходит, а мы с вами волнуемся из-за мешка денег, который украли из банка!" Но она не стала говорить всё это Сергею. Это не только её секрет. Она дала слово Бобу ничего никому не говорить, пока у них не будет доказательств. Сейчас он привёз эти доказательства и ждёт её всего в нескольких километрах отсюда, а она должна лететь в другую сторону! "Сергей, мне обязательно надо сегодня быть в Горюхино. Это для меня вопрос жизни и смерти. Помогите мне, пожалуйста"- попросила она - "Вы же знаете, что я не сообщница грабителя. Мы с вами вместе ехали. Зачем он посадил нас в автобус? Зачем он собрал всех этих людей и увёз в какую-то глушь, а потом оставил там? Я ничего не понимаю!"

"Я думаю"- сказал Сергей -"что ему были нужны заложники. Наверное, у него был пистолет. Возможно, он думал, что если полиция его остановит, он сможет спастись, угрожая жизни пассажиров. Кроме того, автобус, который едет по городскому маршруту, с пассажирами, не кажется подозрительным. Кто будет подозревать водителя автобуса в грабеже банка? Он хитрый, этот наш водитель. А потом, когда мы отъехали далеко от города и погони не было, мы ему стали не нужны. Тогда он высадил нас из автобуса и дальше поехал один. Возможно, где-то там его ждал сообщник. Теперь мы должны как можно быстрее попасть в Валуево и рассказать полиции всё, что мы знаем. Мы видели преступника, сможем его описать. Очень может быть, что он не смог уехать далеко из-за снегопада и находится рядом с тем местом, где нас оставил. Нельзя терять время!" Он посмотрел на Ольгу, понял, что она очень расстроена, и захотел ей помочь. "Я даю вам слово, что вы попадёте сегодня в Горюхино. Я отвезу вас туда на полицейской машине сразу после того, как мы закончим разговор в полиции. Даже сирену могу включить." Ольга представила, как подъезжает к гостинице на полицейской машине с сиреной, а Боб смотрит на это из окна своей комнаты. Она надеялась, что у него крепкие нервы...

Вставьте пропущенные слова из текста:

1. "Я не могу _____ в Горюхино в другой раз"- хотела закричать Ольга.

2. Время _____, а мы волнуемся из-за мешка денег.

3. Боб _____ доказательства, а она должна _____ в другую сторону.

4. Зачем водитель _____ людей в глушь и оставил там?

5. Автобус, который _____ с пассажирами, не кажется подозрительным.

6. Когда мы _____ далеко от города, пассажиры стали не нужны.

7. Мы должны как можно быстрее _____ в Валуево.

8. Может быть, преступник не смог _____ далеко из-за снегопада.

9. Нельзя _____ время!

10. "Я _____ вас на полицейской машине"- сказал Сергей.

Olga wanted to scream, I cannot go to Gorukhino at an another time! There may be no other time! The deadly rays, which can destroy us all, are almost ready! Some of the Russian scientists who work at the Institute of Nuclear Physics, together with some of the American scientists, are secretly manufacturing a deadly weapon with which they will be able to threaten all of mankind. These people must be stopped! And time is being wasted while we are here worrying about a sack of money stolen from a bank!

But she didn't say all that to Sergey since it was not just her own secret. She had promised Bob not to say anything to anybody until they had the proof. Now he had brought the proof and was waiting for her just a few kilometers away, while she has to fly in the opposite direction! "Sergey, I absolutely have to be in Gorukhino today. This is a matter of life and death for me. Please help me!" she begged him. "You know very well that I am not an accomplice to that robbery, you and I were in the same bus together. Why did he want us on that bus? Why did he gather all those people and take us to some wilderness and then just dump us there? I do not understand any of this!" "I think", Sergey said, "that he needed hostages. He probably had a gun and thought that he could escape by threatening the lives of the passengers if the police stopped him. Besides, a bus going on its route through the city, with passengers aboard, does not appear suspicious. Who would suspect that a bus driver had just robbed a bank? He is clever, our driver. Later on, when we got far enough away from the city, and no one was chasing us, he no longer needed us as hostages. Then he made us get out and continued his trip alone. Possibly, there was an accomplice waiting for him somewhere in that area. Now we need to get to Valuevo as soon as possible and tell the police everything we know. We saw the criminal and we can describe him. It is quite possible that he wasn't able to drive far away because of the snowfall and is located somewhere close to the place where he left us. We can't waste any time!"

He looked at Olga, understood that she was very upset, and wanted to help her. "I give you my word that you will get to Gorukhino today. I will take you there by a police car right after we are finished talking to the police. I could even turn the siren on."

Olga imagined herself approaching the hotel in a police car with a siren wailing, and Bob watching through the window in his room. She was hoping that his nerves would be strong enough...

Эпилог

Всё прошло хорошо. Ольга попала в Горюхино, встретила Боба и злодейский план был раскрыт. Но это другая история, так же как судьба водителя автобуса.

Everything went well. Olga got to Gorukhino, met Bob and the evil plot was revealed. But that is a different story, as well as the fate of the bus driver.

ГЛАГОЛЫ ДВИЖЕНИЯ
Verbs of motion

Ехать - To go by transport, unidirectional
With a prefix, this verb becomes perfective

Я еду	Мы едем
Ты едешь	Вы едете
Он едет	Они едут

Ездить - To go by transport, multidirectional

Я езжу	Мы ездим
Ты ездишь	Вы ездите
Он ездит	Они ездят

___езжать - To go by transport. Cannot be used without a prefix

Я ___езжаю	Мы ___езжаем
Ты ___езжаешь	Вы ___езжаете
Он ___езжает	Они ___езжают

Идти - To walk unidirectional. Becomes perfective with a prefix

Я иду	Мы идём
Ты идёшь	Вы идёте
Он идёт	Они идут

Ходить - To walk multidirectional

Я хожу	Мы ходим
Ты ходишь	Вы ходите
Он ходит	Они ходят

Лететь - To fly unidirectional. Becomes perfective with a prefix

Я лечу	Мы летим
Ты летишь	Он летит
Он летит	Они летят

Летать - To fly multidirectional

Я летаю	Мы летаем
Ты летаешь	Вы летаете
Он летает	Они летают

Бежать - To run unidirectional. Becomes perfective with a prefix

Я бегу	Мы бежим
Ты бежишь	Вы бежите
Он бежит	Они бегут

.

Бегать - To run multidirectional

Я бегаю	Мы бегаем
Ты бегаешь	Вы бегаете
Он бегает	Они бегают

Prefixes frequently used with the verbs of motion

По	to begin moving; one-time action
При	arriving
У	leaving
В	entering
Вы	exiting
Под	approaching
От	pull off, step aside
Пере	crossing, moving to a different location
Про	passing
До	reaching

RUSSIAN READING

20 EASY STORIES FOR BEGINNERS

First level

by Tatiana Mikhaylova

tatiana1112000@hotmail.com

Manufactured by Amazon.ca
Bolton, ON

18694994R00028